DE BESCHERMER VAN ZIELEN

De Beschermer van Zielen

ALDIVAN TORRES

Canary Of Joy

CONTENTS

1

DE BESCHERMER VAN ZIELEN

Aldivan Teixeira Torres
De Beschermer van Zielen

Auteur: Aldivan Teixeira Torres
©2018-Aldivan Teixeira Torres
Alle rechten voorbehouden

Aldivan Teixeira Torres is een geconsolideerd schrijver in verschillende genres. Tot op vandaag heeft het titels gepubliceerd in negen talen. Van jongs af aan was hij altijd al een liefhebber van de kunst van het schrijven, nadat hij vanaf de tweede helft van 2013 een professionele carrière had geconsolideerd. Hij hoopt met zijn geschriften bij te dragen aan de Pernambuco en Braziliaanse cultuur en het plezier van het lezen wakker te schudden bij degenen die de gewoonte nog niet hebben. Uw missie is om de harten van elk van uw lezers te winnen. Naast literatuur zijn de belangrijkste smaken muziek, reizen, vrienden, familie en het plezier van het leven. "Voor literatuur, gelijkheid, broederschap, rechtvaardigheid, waardigheid en eer van de mens altijd" is zijn motto.

"Maria is die toren van David, waarvan de Heilige Geest spreekt in de heilige Liederen: 'Forten reizen eromheen op; er hangen duizend schilden en alle wapens van de dappere' (Ct 4:4). U bent dus de Heilige Maagd – zoals de heilige Ignatius Martelaar zegt – 'een onneembaar schild voor hen die in gevecht zijn'".

(Heilig Alphonsus Maria de Ligório)

BOEK MET VERSCHIJNINGEN VAN DE MAAGDELIJKE MOEDER GODS

Onze-Lieve-Vrouw van Pilaar

ZARAGOZA-SPANJE- 40

Veertig jaar na de dood van Christus werd de christelijke beweging wreed vervolgd door joodse elites, waarbij veel christenen werden gefladderd, gevangengezet en zelfs gedood. Als alternatief voor dit verzet stuurden ze zendelingen naar andere regio's om de verspreiding van het goddelijke woord uit te breiden.

Jacobus de Majoor kreeg de opdracht om te prediken in Spanje, een land in Zuid-Europa. Voordat hij vertrok, voerde hij echter een overleg met de Maagd Maria, beschouwd als de moeder van de apostelen. De twee waren zeer verbonden vanwege geloof en hart en konden niet scheiden zonder een formeel afscheid.

Op de dag en de tijd samen, precies in Efeze, in het huis van de meest heilige moeder, vond de langverwachte ontmoeting plaats.

"Ik kwam afscheid nemen en om uw raad vragen, mijn moeder", zei Heilig James toen ze de Maagdelijke Moeder naderde.

"Mijn hart verheugt zich over uw bezoek, goede zoon. Zie, u moet uw geloof behouden, voorbereid zijn in moeilijkheden, het woord prediken met energie, kracht en geest onder de heidenen. Ik wil dat je mijn volledige vertrouwen in hun vermogen kent", antwoordde Mary.

"Ik dank u voor de woorden, gezegend! Welk signaal geef je me over mijn reis naar Spanje? "James vroeg het.

"Op het juiste moment zul je het zien. Mijn wens is nu dat u een kerk bouwt in mijn naam in Spanje – Verlicht gevraagd.

"Uw verzoek wordt ingewilligd. Laat me nu gaan, want de reis is lang", zei James.

"Ga in de vrede van Christus, zoon", wenste Maria.

"Wees ook in vrede, mijn moeder", zei James.

James begon aan de lange reis naar Europa. Bij aankomst in het beloofde land was hij onvermoeibaar in zijn apostolische werk. In Zaragoza, op een koude nacht, ontmoette hij zijn discipelen toen hij verrast werd door stemmen die riepen: "Weesgegroet Maria, vol van Genade! Op het latere moment knielde hij voor de verschijning die hij zag: Een veelheid van Engelen omringde de meest heilige Moeder die op een pilaar van marmer zat.

De groep reciteerde een krachtig vaartuig dat de aanwezigen die hielpen bij de uitvoering op zijn hoede was. Aan het einde van deze gebeurtenis nam de moeder van Jezus contact op met:

"Hier, mijn zoon, is de plaats gemarkeerd en bestemd voor mijn eer, waarin ik, door uw zorg en in mijn herinnering, wil dat er een kerk wordt gebouwd. Bewaar deze pilaar waar ik zit, want mijn zoon en uw meester hebben hem uit de hemel gezonden door de hand van engelen. Naast hem zult u het altaar van de kapel leggen, en daarin zal de deugd werken van de hoogste potents en wonderen van mijn voorspraak met hen die, in hun behoeften, mijn beschermheerschap smeken, en deze pilaar zal hier blijven tot het einde van de wereld, en zal nooit ontbreken in deze stad ware christenen die de naam van Jezus Christus eren, mijn zoon.

"Zo zij het, mijn moeder— Zei James.

De engelen grepen de Vrouwen van de Hemels en lieten haar weer achter in haar woning. Zoals bevolen, begon de kapel gewijd aan de verlichte te worden gebouwd met de discipelen van Heilig James als adviseurs omdat deze naar Jeruzalem verhuisde. Onderweg bracht hij nog een bezoek aan de heilige maagd, zijn beste vriend. Toen ze tegenover haar stond, knuffelden de twee en aan het einde van deze actie begonnen ze te praten.

Hoe gaat het, mijn moeder? James vroeg het.

"Beter nu met uw aanwezigheid, zoon van het hart. Wat voor goed nieuws neem je mee uit Spanje?

"Het is daar gekalmeerd. Op uw verzoek wordt uw kerk gebouwd – Heilig James geïnformeerd.

"Ik ben dolblij dat het nieuws. God, onze Heer is blij met uw werk, mijn zoon. Maar het is nog niet voorbij. Ik heb slechte opvattingen over je gehad. Ik bid voor je best", zei ik bedroefd, Mary.

"Hoe waren deze visioenen precies?" Ik wilde de nieuwsgierige apostel van Jezus leren kennen.

"Ik zag zijn dood aankomen. Laten we onze goede God om kracht vragen en het onvermijdelijke accepteren – Maria profeteerde.

"Ik ben er klaar voor! Ik vind het niet erg om voor mijnheer te sterven. Wat is het leven waard zonder Jezus? Ik antwoord mezelf: Niets! "James antwoordde.

"Ik heb bewondering voor uw moed. Ten eerste wil ik dat je weet over mijn liefde voor je als spirituele zoon – de heilige geopenbaard.

"Ik voel hetzelfde als je mijn echte moeder was. De dood heeft niet de macht om ons te scheiden, laat staan onze liefde te vernietigen – James werd verklaard.

Tijdens de rit omhelsden en kusten ze elkaar weer. Op dat kritieke moment van beslissing hadden ze hun hart voor elkaar geopend zoals ze nog nooit eerder hadden gedaan. Dat is wat ze zeiden. Er was niets wat hun broederlijke liefde kon vernietigen.

Uiteindelijk, toen hij afscheid nam, vervolgde Jakobus zijn reis naar Jeruzalem, waar hij uiteindelijk werd gedood door zijn tegenstanders. Hij sloot zich aan bij de talloze martelaren die het christendom maakte vanwege religieuze vervolging.

Mirakel van Onze-Lieve-Vrouw van de Pilaar

Het was het jaar 1637. Miguel Juan Pellicer was een jonge Spaanse boer die werkte op de site van zijn oom in de regio Castellón. Toen hij ging werken, werd hij geraakt door een aanrijding, wat leidde tot de facturering van zijn scheenbeen. Zodra hij werd gevonden door zijn oom die op de grond lag, werd hij naar het ziekenhuis in de stad Valencia gebracht waar hij een eerste hulp had.

Zijn situatie was ernstig en omdat hij op dat moment weinig medische middelen had, werd hij naar Zaragoza gestuurd. Op dat moment was haar rechterbeen al gevangene en de enige oplossing was om haar te amputeren. Het was enkele maanden en hij bleef in het ziekenhuis in behandeling. Toen hij werd ontslagen, begon hij op straat te wonen in de stad Zaragoza. Dagelijks nam hij deel aan massa's en werd hij vroom van Onze-Lieve-Vrouw.

Twee jaar later besloot hij naar huis te komen. Zijn familie verheugde zich om je te zien. Maar omdat ik zonder been zat, kon ik ze niet helpen op het werk, wat die jongeman op een bepaalde manier zo vol leven bedroefde.

Op een avond verwelkomden ze een cavaleriesoldaat die door het gebied liep. Ze boden hem diner en onderdak omdat de nacht al vroeg was. De bezoeker voelde zich op zijn gemak in Miguels kamer en de jongen werd verplaatst naar de kamer van zijn ouders.

's Morgens, toen ze wakker werden, voelden ze een sterke geur van rozen in de kamer en toen ze naar hun zoon keken, merkten ze iets totaal nieuws in hem op: twee voeten werden aan het einde van zijn lichaam getoond. Iedereen schreeuwde van verbazing en toen ik hem wakker maak, trilde hij van vreugde. Hij was onmiddellijk genezen door de voorspraak van Onze-Lieve-Vrouw, waarvan hij vroom was. Het nieuws verspreidde zich over de hele regio en werd bewezen als een waar wonder.

Onze-Lieve-Vrouw van de Sneeuw

Rome- Jaar 352

In deze tijd woonden een succesvol godvergeten echtpaar en hun respectieve geboden in Rome. Om redenen van onvruchtbaarheid konden ze geen kinderen krijgen en hadden ze niemand om hun grote fortuin achter te laten en besloten het aan de kerk te geven in wijding aan de Heilige Maagd.

Het was denken aan dit project dat hij op een nacht een droom had waar Onze-Lieve-Vrouw hem de volgende boodschap doorgaf:

- Bouw 's ochtends een basiliek op de heuvel waar morgen sneeuw valt.

Het was de maand augustus waren vaak in de regio het was vrij warm. Door het wonderwerk van de Maagd Maria sneeuwde het volledig en bedekte het de berg Esquilino volledig met sneeuw. Het nieuws verspreidde zich al snel over de hele wereld met de opvallende aanwezigheid van christelijke elites die de site bezochten. Volgens de wens van de Maagd werd de kerk gebouwd om haar de naam "Onze-Lieve-Vrouw van de Sneeuw" te geven vanwege het intrigerende klimatologische fenomeen dat zich daar voordeed.

Onze-Lieve-Vrouw van Walshingham

Engeland- 1061

Walshingham wordt beschouwd als het Engelse nationale heiligdom van verering voor Onze-Lieve-Vrouw en presenteert een prachtig verhaal onder de velen die verwant zijn aan de moeder van God. Zullen we eens kijken?

Maria meest heilige verscheen in dromen aan Richeldis van Faverches die hem geestelijk naar zijn huis in Nazareth brachten. In die tijd vroeg hij sterk om de bouw van een soortgelijk huis in Walsingham. Als deze droom drie keer herhaald is, heeft de toegewijde van de maagd eindelijk het verzoek ingediend.

Met moeilijkheden bij het voltooien van het werk als gevolg van de maatregelen, sloeg hij zijn toevlucht tot de heilige. Wonder boven wonder verscheen er een heiligdom in de buurt van de plaats. Toen begonnen de missen, de apostolische bijeenkomsten en de gebedsgroepen die zich daar verzamelden. Op deze momenten worden talloze genezingen, wonderen en bevrijdingen gerapporteerd.

Het nieuws van al deze feiten toerde door het land en bracht veel pelgrims naar de plaats. Kapellen werden opgericht op weg naar het heiligdom en nu zijn er nog twee: Kapel van Onze-Lieve-Vrouw van de Rode Heuvel en "Kapel van slippers".

In het verhaal dat werd verteld, was er een tijd dat deze verering werd vervolgd, wat culmineerde in de vernietiging van Maria's beeld. Drie eeuwen later dook deze oude traditie weer op met de opkomst van verschillende groepen die devotie ondersteunden. Als gevolg hiervan hebben ze het beeld opnieuw gemaakt, naast het reconstrueren en vergroten van wat er van de tempel over was.

Via Walshingam wordt de naam van onze dame in Engeland uitvergroot en als beloning zorgt onze geliefde moeder uitstekend voor haar Engelse toegewijde met een ondoorgrondelijke zoetheid. Iedereen die je naam gebruikt, is niet voor gezaagd.

Onze-Lieve-Vrouw van de Rozenkrans

Prouille, Frankrijk (1208)

Het was een zondagse dag. Zoals gewoonlijk zat de predikant Domingos de Gusmão, een strijder voor de ketter, op zijn knieën te bidden in de kapel van Prouille. In het meest vurige moment van gebed, zie, daalt een wolk af in haar tempel en laat een mooie vrouw achter met rooskleurige en heldere gezichten. Ze zei tegen hem:

"Ik ben Mary. Ik kom je de rozenkrans geven, de sleutel tot vrede en menselijke verlossing. Verder ben ik blij dat je het elke dag bidt ter ere van mijn naam. Doe dat, en ik beloof je de val van vijanden en kuurtjes. Geef dit door aan de andere broeders."

Terwijl hij zijn handen uitstrekte, overhandigde hij het stuk en glimlachte. Als reactie hierop verzekerde de toegewijde:

"Ik zal doen wat ik in mijn macht heb! Uw wens zal uitkomen.

De vrouw keerde terug naar de wolk en werd opgeheven tot de hoogste van de hemelen die verdween uit het zicht van haar dienaar. Domingos de Gusmão zette zijn werk voort, wat leidde tot de eliminatie van ketsen. Opnieuw heeft Mary's hart gezegevierd!

Onze-Lieve-Vrouw van de Berg Karmel

Aylesford, Engeland (1251)

De Moren hebben een sterke vervolging van christenen ondernomen. In dit verband werden de karmelieten die op de berg Karmel woonden afgeslacht door hun vijanden. Degenen die erin slaagden zichzelf te redden zochten hun toevlucht in Engeland rond 1238 na.

De plaats die werd gekozen om het klooster te vinden was Aylesford, een regio van grote natuurlijke schoonheid. Opnieuw werden ze geconfronteerd met weerstand tegen hun manier van leven en hun overtuigingen. Hiermee was de enige optie die ze nog hadden om te overleven gebed. Het was precies het pad dat de vorige generaal van de Karmelieten volgde, bekend als Heilig Simon Stock.

De traditie heeft het dat hij op een nacht van intense gebeden zijn toevlucht neemt tot de bescherming van de Maagdelijke Moeder tegen beproevingen. Een van deze pleidooien was dit beroemde gezang:

"Pracht van de hemel. Onvergelijkbare Maagdelijke Moeder.
Lieve Moeder, maar altijd Maagd,
Wees gunstig voor de Karmelieten, o Ster van de Zee."

Inch moment dat dit gebed uitsprak, verscheen de maagd omringd door engelen. Hij reikte zijn hand uit en gaf hem het scapulier gezegde:

"Ontvang mijn geliefde zoon, deze Scapulier van uw Orde, een teken van mijn liefde, voorrecht voor u en voor alle Karmelieten: wie met hem sterft, zal niet verloren gaan. Hier is een teken van mijn verbond, verlossing in gevaar, verbond van vrede en eeuwige liefde.

"Dank je, lieve moeder. Ik beloof dit symbool te verspreiden onder de Karmelietenbroeders en dus over de hele wereld. Op deze manier zal zijn naam nog meer verheerlijkt worden onder zondaars – zei Simon Stock.

"Moge uw woorden uitkomen! Wees gewoon in vrede! "De maagdelijke Moeder wenste.

Dat gezegd hebbende, stond hij samen met de engelen op naar de gezegende hemel. Vanaf het verschijnen van de heilige werden de Karmelieten niet langer vervolgd met alle christenen die het gebruik van het scapulier wilden verspreiden. Dit was het zoveelste wonderkind van Jezus' moeder.

Onze-Lieve-Vrouw van de berg Bérico

Vicenza-Italië-1426

In de periode 1404-1428 leed de stad Vicenza aan een van de grootste gezondheidscrises aller tijden. Velen proberen te ontsnappen aan de plaag die een heel erfgoed en cultuurgeschiedenis achterliet. Het was in deze omgeving van onzekerheid dat Gods hand stevig handelde.

In die tijd woonde er een dame genaamd Vincenza Pasini in de stad. Elke dag beklom ze de berg Bérico met het eten van haar man wiens taak het was om voor een wijngaard te zorgen. Bij een van deze gelegenheden, toen ze de top van de heuvel bereikte, leek een vrouw schitterend voor haar gekleed in een galajurk alsof ze een koningin was. Bang viel de toegewijde christen op de grond in het gezicht van zoveel pracht. De mooie dame naderde, opende een glimlach en kalmeerde haar hielp haar omhoog.

"Ik ben de Maagd Maria, de Moeder van Christus die aan het kruis stierf voor de redding van de mensen. Ik vraag u om namens me naar de mensen van Vicenza te gaan om hier ter ere van me een kerk te bouwen, als u uw gezondheid wilt herwinnen; anders houdt de pest niet op.

De dienaar was statisch en gelukkig tegenover belofte. Lange tijd riep de bevolking tot God om genade, en uiteindelijk was ze door haar moeder gekomen. Hij twijfelde echter nog hoe hij verder moest.

"Maar de mensen zullen me niet geloven. En waar, glorieuze Moeder, kunnen we geld vinden om deze dingen te doen?

"U zult erop staan dat dit volk mijn wil doet, anders zullen ze nooit van de plaag verlost worden; en zolang hij niet gehoorzaamt, zal hij mijn boze zoon tegen hem zien. Om te bewijzen wat ik zeg, laat ze hier graven, en van de enorme, dorre rots zal water stromen; en zodra de bouw begint, zal er geen tekort aan geld zijn.

"Wat kunnen we verwachten met de bouw van het heiligdom?

"Allen die deze kerk bezoeken met toewijding in mijn feesten en elke eerste zondag van de maand zullen als geschenk de overvloed van Gods genade en barmhartigheid en de zegen van mijn eigen moederlijke hand hebben.

"Ik ben blij met uw steun. Ik doe wat je van me vraagt.

"Goed, het spijt me. Ik moet nu gaan! Wees in vrede!

"Zo zij het!

De maagdelijke moeder zuchtte en steeg geleidelijk over de berg. Over een paar ogenblikken is het helemaal weg. Alleen ging de helderziende voor haar verplichtingen zorgen.

Zo snel mogelijk verspreidt u de boodschap van Onze-Lieve-Vrouw, maar uw landgenoten hebben geen pleidooi voor het verzoek. Ze maakten zich meer zorgen om zichzelf dan aan de relatie met God. Daardoor zette de gezondheidscrisis zich voort.

Twee jaar later verscheen Gods moeder weer in dezelfde omstandigheden en herhaalde dezelfde boodschap. In overeenstemming met de aanbevelingen gaf Gods dienaar het communiqué door en deze keer werd ze gehoord. Kort na het begin van de bouw was er een gedeeltelijke verbetering van de gezondheidstoestand van de stad en met de voltooiing van het werk was er een volledige verbetering. Dit toont goddelijke voorzienigheid voor uw kinderen. Moge Mary's naam meer en meer worden bedankt voor dit grote wonderkind in Italië.

Onze-Lieve-Vrouw van Caravaggio

Italië-1432

Caravaggio is een Italiaanse gemeente gelegen op de grens tussen de staten Milaan en Venetië. Deze tijd werd gekenmerkt door politieke en religieuze strijd, onrust, vervolging van ketters en grote criminaliteit. Daarnaast beleefde hij het tumult van de oorlog tussen twee staten: de Republiek Venetië en het hertogdom Milaan.

Binnen deze catastrofale context vond de verschijning van de maagdelijke Moeder Gods plaats. Het was in een weide genaamd Mezzolengo voor een lijdende boerin genaamd Joaneta Varoli. Ze was in een gebedsmoment toen ze een vrouw het uiterlijk van een koningin zag naderen. Toen ze dichtbij kwam, zei ze:

"Ik ben de moeder van de hele mensheid. Ik ben erin geslaagd om de welverdiende straffen van goddelijke gerechtigheid voor het christelijke volk te houden, en ik kom vrede verkondigen.

"Wat moeten we doen om ons onder zijn genade te houden? Je vroeg het aan Joaneta.

"Keer terug naar boetedoening, vasten op vrijdag, bid in de kerk op zaterdagmiddag uit dankbaarheid voor de verlossing van de straffen, en bouw een kapel ter ere van mijn naam op deze plaats – Vroeg de Onbevlekte.

"Welk teken geef je aan je volk dat ze in hun woorden geloven?" Hij vroeg het aan de bediende.

'Deze! ' Zegt Onze-Lieve-Vrouw.

Op hetzelfde moment ontspringt een bron van helder water uit de voeten van de Maagd.

"Wie uit dit water drinkt, zal vrede en genezing bereiken van zijn zwakheden", zei de goddelijke moeder.

Onze-Lieve-Vrouw, ik zou u één ding willen vragen: u met uw voorspraak met Onze goede God deze oorlog in ons land niet beëindigen en de goede gezelligheid in de kerk redden? - Hij knikte hopelijk om toegewijd te zijn.

"Elke dag bid ik ervoor, mijn kind. Voor deze taak heb ik uw medewerking nodig. Ik wil dat je tegen de heersers ingaat in mijn naam om het vredesakkoord te bezegelen. Met geloof in onze God zullen we slagen. Kan ik op je rekenen? Ze vroeg het aan de wonderbaarlijke Mary.

"Zeker, mijn moeder. Ik zal deze taak met plezier vervullen – de nederige kleine verzekerd.

"Ik ben blij. Nu moet ik mijn verplichtingen in de hemel doen. Wees gewoon in vrede! "Mary wenste.

"Zo zij het!

Joaneta verhuisde van het veld naar haar huis en dacht aan alles wat Onze-Lieve-Vrouw had gezegd. Het duurde niet lang voordat het plan van de koningin in de praktijk kwam door de afwijkende kanten van de oorlog en de tegenpolen

van de kerk te bezoeken. Als teken van de verschijning van de
Maagd, presenteerde het heilige water. Hiermee zijn veel won-
deren gemeld. Na verloop van tijd slaagde hij erin de vrede in
Italië en in de kerk te herstellen.

Onze-Lieve-Vrouw van het Paradijs

Paradijs-Vallei-Portugal-1480

Op een dag vond een herder die regelmatig zijn kuddes in de regio leidde een klein beeld van Maria bij de stam.
Het beeld weerspiegelde een helder en heilig licht dat hem een
beetje bang maakte. Toen hij dichter bij het beeld probeerde te
komen, kon hij dat niet omdat het licht vrij intens was.

Vervolgens ging hij de pastoor van zijn stad vertellen
wat er gebeurd was. Samen met hem gingen ze op zoek naar het
beeld. Dit keer slaagden ze erin om het heilige object naar de
lokale kerk te brengen. Toen dit gebeurde, was het nog steeds
een deel van de middag met de tempel gesloten.

's Nachts, toen ze de deuren van het gebouw open-
den, vonden ze de plaats achtergelaten door het lege beeld.
Toen ze gingen zoeken, vonden ze het beeld op dezelfde plaats
als vroeger. Voor de tweede keer namen ze het beeld mee terug
naar het heiligdom. Deze strategie hielp echter niet omdat het
beeld opnieuw verdween. Ze probeerden voor de derde keer
het beeld te maken met hetzelfde fenomeen. Het was op dit
moment dat ze zich realiseerden dat ze de plaats van het beeld
bij de kofferbak waren.

Ze bouwden een hermitage ter ere van de heilige op
de site. Sindsdien zijn er berichten over vele wonderen door
Maria's voorbede. Onze-Lieve-Vrouw van het Paradijs werd
bekend in Portugal en over de hele wereld.

Onze-Lieve-Vrouw van Guadalupe

Mexico-1531

De ontdekking van Amerika leidde tot zowel een financieel ras als een religieus ras gericht op het bekeren van de Inheemsen. Juan Diego was een van de laatsten met een speciale toewijding aan Onze-Lieve-Vrouw. Een van de keren dat hij op de heuvel van Tepayac liep, ontmoette hij een mooie vrouw omringd door een intens licht. Ze begon het contact:

"Juanito, de kleinste van mijn kinderen, leert dat ik Maria ben, altijd een Maagd, moeder van de ware God die leven geeft en het bestaan onderhoudt. Hij schiep alle dingen. Hij is overal. Bovendien is hij de Heer van hemel en aarde. Ik wil dat er een tempel voor mij wordt gebouwd op deze plek, waar uw volk mijn medeleven, hulp en bescherming kan ervaren. Iedereen die oprecht om mijn hulp vraagt in hun beproevingen en pijnen zal mijn Moederhart op deze plek kennen. Hier zal ik uw tranen zien; ik zal ze troosten en ze zullen vrede vinden. Dus, ren nu naar Tenochtitlan en vertel de bisschop alles wat je hier hebt gezien en gehoord.

"Ik zal doen wat je me vraagt!" Zei Juan.

"Ik ben blij met je woorden. Met mijn zegen neem ik voorlopig afscheid – onze moeder sprak.

Onmiddellijk ging de jonge inheemse man zorgen voor de vervulling van het verzoek. Op dit moment was hij nog steeds bang voor hoe hij deze belangrijke boodschap zou overbrengen en of hij het waard zou zijn. Er was alleen zekerheid dat hij zijn best zou doen op de missie. Bij aankomst in het paleis in de ochtend, plande hij een interview met de lokale bisschop.

De ochtend was voorbij en pas in de late namiddag werd ontvangen door de autoriteit. De twee ontmoetten elkaar in het privékantoor van het paleis, een goed ingerichte site met veel kleuren, schilderijen en religieuze sculpturen. Geconfron-

teerd met een klimaat van wantrouwen, nam de nederige dienaar het woord:

"Heer Bisschop, ik kom tot u spreken voor Onze-Lieve-
Vrouw. Ze wil de bouw van een tempel op de heuvel van
Tepayac.

"Voor Onze-Lieve-Vrouw? Hoe is dit gebeurd? - Vroeg
nieuwsgierig de bisschop.

"Ze verscheen zelf op de heuvel en ze Zede deze woorden
naar me", zei de Azteekse Indiaan.

De bisschop maakte een lachend gezicht. Optredens?
Aan een Heiden? In zijn mentaliteit, als een persoon in Mexico
was gekozen om deze visie te ontvangen, zou deze persoon hem
zijn en geen Indiaan. Daarom gaf hij zijn woorden geen eer. Om
zijn geloof niet teleur te stellen, beloofde hij echter:

"Ik zal het verzoek van Onze-Lieve-Vrouw nadenken over.
Als je wilt, kun je me op een ander moment bezoeken.

"Goed", antwoordde Juan.

Toen hij het paleis verliet, ging de kleine bediende de
heuvel op waar hij de vreemde dame weer ontmoette. Hij was
vastberaden.

Alsjeblieft, Mary, kies iemand anders voor deze missie. De
bisschop zal nooit naar een arme Indiaan luisteren.

"Hoor, mijn zoon, de liefste: weet in uw hart dat er niet een
paar van mijn dienaren en boodschappers zijn, aan wie ik de
last kan geven om mijn gedachten en mijn woord te nemen,
op die manier mijn wil kunnen vervullen. Maar het is absoluut
nodig dat je er zelf over gaat praten, en dat juist met jouw be-
middeling en help mijn verlangen en mijn wil uitkomen.

"Hoe doe ik het dan?

"Ga morgen met de bisschop praten en herhaal het verzoek.

"Dat is niet erg. Ik beloof dat ik dat zal doen.

Laatst arriveerde hij, zoals afgesproken, weer in het paleis. Net als de eerste keer moest hij uren wachten tot hij in dezelfde kamer werd behandeld als vroeger.

"Ben je hier weer? Wat wil je? De bisschop vroeg het.

"Ik kom aandringen op het verzoek van Onze-Lieve-Vrouw. Wanneer ga je het vervullen? "Vroeg Juan.

"Hoe wil je dat ik je geloof? Welk bewijs heb ik dat je echt haar gezant bent? "De bisschop antwoordde.

"Zijn jullie niet degenen die zoveel over geloof praten? Waarom niet solliciteren in dit geval? "Je hebt Juan onder druk gezet.

"Helemaal niet. Het zijn totaal verschillende dingen. Ga en kom niet terug totdat je bewijs hebt van wat je zegt. Is dat zo? "Hij gaf de bisschop een ultimatum.

"Wat doen? Ik heb geen andere keuze dan de voorwaarde te accepteren – weerspiegelde de Indiaan.

"Nu, ik ga het niet doen. Succes! "De bisschop concludeerde.

Juan verliet het paleis en keerde terug naar zijn woning. Daar vond hij zijn oom behoorlijk ziek. Twee dagen lang deed hij er alles aan om zijn oom te verbeteren. Niets had echter effect en het was alleen maar verslechterd. Met de zieken bedrogen, gingen de eersten op zoek naar een priester om hem de buitengewone zalf te geven.

Geagiteerd zou hij door de heuvel van Tepayac moeten gaan. Maar omdat hij het te druk had, vermeed hij de plaats waar hij vond dat de heilige maagd niet door haar werd onderbroken. Zo is het gedaan. Toch verwachtte je je route te veranderen. Op deze manier vond de onvermijdelijke ontmoeting plaats.

'Waar ga je heen, Juan, in zo'n haast?' Vroeg het de mooie vrouw.

"Ik ga een priester zoeken. Ik wil dat mijn oom de buitengewone zalf krijgt omdat hij ziek is – zei de inheemse man.

"Hoor en blijf in uw hart, mijn zoon, de liefste: het is niets wat u bang maakt en u afslacht; niet storen, hebben we deze ziekte niet, noch enig ander lijden of iets verontrustends. Ben ik je moeder niet? Sta je niet onder mijn schaduw en bescherming? Ben ik niet je bron van leven? Ben je niet in de plooi van mijn gewaad, precies waar ik mijn armen kruis? Laat niets je verontrusten of bitterheid veroorzaken. Moge de ziekte van je oom je niet treffen. Hij zal niet sterven aan deze ziekte. Geloof in je hart dat hij al genezen is – onze moeder verzekerde.

"Ik geloof! Wat betreft wat je van me vroeg, mijn moeder, de bisschop eist bewijs van je. Wat moet ik dan doen? "Vroeg Juan.

"Ga naar boven, mijn zoon, de liefste, de heuvel op, en daar waar u me hebt gezien en waar ik drie bevelen heb gegeven, zult u op diezelfde plaats verschillende bloeiende bloemen zien; snijd ze, verzamel ze bij elkaar, verzamel ze in je gewaad en kom hierheen en breng ze naar me – vroeg Mary.

"Onmiddellijk, mijn moeder.

Dat gezegd hebbende, Juan beklom de heuvel waar hij de bloemen plukte. Neerdalend met Maria, liet hij haar de bloemen zien, en ze herschikte ze in haar gewaad en zei:

"Mijn zoon, de liefste, deze bloemen zijn het bewijs, het teken dat je naar de bisschop zult brengen. Je zegt hem te zien wat ik in ze wil en mijn wil te doen. Je bent mijn ambassadeur, ik vertrouw op je. Ik beveel u ten zeerste om uw deken alleen te openen in aanwezigheid van de bisschop en uit te zoeken wat u neemt. Je vertelt hem alles, vertelt hem hoe ik zei dat je naar de top van de heuvel moest klimmen en alles wat je hebt gezien en bewonderd. Hiermee verander je het hart van de bisschop, zodat hij zal doen wat in zijn macht ligt om de tempel te verhogen die ik hem vroeg.

"Wees dus mijn moeder! In me vindt hij een trouwe en toegewijde dienaar. Ik zal nu uw wil vervullen", zei Juan.

"Ik ben blij in het licht van uw toewijding. Mijn genade zal altijd bij je blijven!

"Zo zij het, mijn moeder!

"Tot Ziens, mijn zoon!

"Zelfs!

De twee gingen uit elkaar met de Indiaan die aan hun verplichting zou voldoen. Hij ging opnieuw naar een vergadering met de lokale bisschop.

"Ik kom in opdracht van Onze-Lieve-Vrouw. Ik ontmoette haar weer en vroeg me om de heuvel op te gaan. Ik heb bloemen uitgezocht die ze in mijn gewaad heeft herschikt. Verder heb ik je meegenomen om het hem voor je te laten zien. Dat is precies het teken waar je om vroeg", bevestigde Juan.

"Laat het me dan zien!" De bisschop vroeg het.

Het openen van de mantel bleek een prachtig beeld van Onze-Lieve-Vrouw te zijn. Meteen viel de bisschop op zijn knieën op de grond. Het was een wonder dat het verzet van zijn ongeloof voor eens en altijd brak.

"Gezegend ze je Moeder die je hierheen heeft gestuurd. Van mijn kant beloof ik alles in het werk te stellen om aan uw verzoek te voldoen. Het spijt me dat ik dat zo vermoedde. "Zei de bisschop.

"Vraag Onze-Lieve-Vrouw om vergiffenis! Een manier om je gebrek aan geloof te verhelpen is door de tempel te bouwen – Juan herinnerde zich.

"Ik hoop het! Erg bedankt voor uw aandringen! Hij prees de priester.

'Voor niets!' Juan zei.

" Kan ik een verzoek indienen? De bisschop vroeg het.

" Je het! Juan zei.

"Breng me naar de plek waar onze moeder verscheen. Ik wil ook deze lucht van heiligheid inademen! "De apostel smeekte.

"Morgen. Vandaag heb ik verplichtingen te doen. "Hij heeft Juan geïnformeerd.

"Dat begrijp ik. Dan staat het gepland voor morgen- de bisschop bevestigde.

"Ja, dat is het. Tot. "Zei de dienaar van Onze-Lieve-Vrouw.

'Zelfs.' De dominee is ontslagen.

Toen hij daar wegging, ging de Indiaan naar huis. Toen hij daar aankwam, vond hij zijn oom helemaal gezond toen hij met de heilige had gesproken. Hij was vervuld van vreugde.

"Je bent in orde, mijn oom. Gezegend ze Onze-Lieve-Vrouw die u genas.

"Ik ben in orde. Oh, God? Zou het een lichte dame zijn geweest die me net bezocht? Ze vertelde me hoe ze met je sprak en stuurde hem naar Tenochtitlan. Het heette "Maagd Maria van Guadalupe".

"Het is zichzelf.

"Gezegend ze. Het heeft ons leven voor altijd veranderd.

"Waar, het is waar. Je naam wordt in het hele land uitvergroot.

De twee omarmden het geven van glorie aan God. Nu alles in orde was, zou het verzoek van Onze-Lieve-Vrouw worden ingewilligd en zou de vrede in Amerika zijn. Met de verspreiding van dit nieuws bekeerden veel Azteken zich tot het christendom.

(Kazanskaya – Rusland) -1579

Het was het jaar 1579. Kazan was in die tijd al een overwegend katholieke stad met verschillende kerken en kloosters. De groep werd echter geconfronteerd met verzet van heidenen en moslims. Om christenen te helpen, manifesteerde de kracht hierboven zich met macht en glorie in de hieronder beschreven gebeurtenis.

Begin juni 1979 leed de stad aan een verwoestende brand die de helft van de stad in as achterliet. Onder de verwoeste huizen was die van de kleine matrone. Zijn woning werd herbouwd en een van de eerste nachten onder zijn dak had een profetische droom. In de droom gaf Gods moeder de plaats aan waar haar icoon werd begraven en beval haar om de aartsbisschoppen en magistraten het feit te vertellen.

Het meisje vertelde haar moeder over de zaak. Ze besteedde echter geen aandacht aan haar. Met de herhaling van dezelfde droom drie keer, raakte hij overtuigd. Ze brachten het nieuws naar de aartsbisschop en de gemeenteambtenaren. Het was hun beurt om hem geen krediet te geven.

In navolging van haar instinct pakte Matronen moeder de schop op en begon te graven op de plaats die door de maagd was aangewezen. Met een goede inspanning vond hij op miraculeuze manier het icoon van Onze-Lieve-Vrouw. Het woord verspreidde zich over de hele regio met de ongelovigen die om vergeving vroegen voor de koningin van de hemels.

Het icoon werd vervolgens in processie overgebracht naar de kathedraal van de annunciatie, talrijke wonderen gebeurden tijdens de pelgrimstocht van bezoekers naar de stad. Daarna namen ze het icoon mee naar Moskou. Van daaruit werd heel Rusland gezegend door de hand van de machtige Maagd.

Onze-Lieve-Vrouw van Goed Succes

Ecuador-1594

In 1563 werd moeder Mariana de Jesus Torres geboren in de provincie Viscava, Spanje. Lief en lief meisje, zodra men begreep dat mensen een goede intellectuele en religieuze achtergrond hadden. Zijn aanvraag voor studies leverde hem lof op van zijn ouders en leraren. Op dertienjarige leeftijd mocht hij samen met zijn tante het land verlaten om in Ecuador te gaan wonen.

De fase van verschijningen begon waar zijn medium-schap zich ontwikkelde. Ik zag vaak heiligen, engelen en demo-nen. De meest prominente van hen verwijzen naar die van de heilige Moeder Van God.

Bij het eerste optreden lag moeder Mariana op de grond en klaagde over haar kolonie. Hij pleitte daarom voor de hulp van de hoogstens. Toen hoorde hij een stem hem roepen. Toen ze het visioen naar haar stem richtte, zag ze vervolgens veel helderheid en binnen haar erkende Onze-Lieve-Vrouw die Jezus op haar linkerarm droeg. De vrouw nam het initiatief.

"Ik ben Maria van Goed Succes, koningin van Hemel en Aarde. Uw gebeden, tranen en boetedoeningen zijn aangenaam voor onze hemelse Vader. Ik wil dat je je hart versterkt en dat lijden je niet neerhaalt. Je leven zal verlangen naar de glorie van God en zijn Moeder, die tot je spreekt. Mijn Allerheiligste Zoon geeft je pijn in al zijn vormen. En om je te voorzien van de waarde die je nodig hebt, neem het uit mijn armen in de jouwe.

De heilige bracht de baby Jezus in haar armen. Een charmante ervaring begon daar met de dienaar die het intieme verlangen voedde om Christus te troosten in zijn passie.

"Glorieus ze de Heer en gezegend ze de maagd die hem gedroeg. Wat kan ik voor je doen? Hij vroeg het aan de bedi-ende.

"Ik zal je de woordvoerder maken voor toekomstige feiten. Op deze manier zal ik nog blijer zijn met het werk van onze God – onze moeder geopenbaard.

'Ik ben er klaar voor.' Mariana kwam beschikbaar.

"Ik ben blij! Nu moet ik gaan! Ik zal in de toekomst terugk-eren", zei de Maagd.

'Ga in vrede, mijn moeder.' De meid wenste.

De gezegende maagd hervatte haar kinderen in haar armen en gewikkeld in een gloeiend licht steeg op naar de hemel in zicht. Daar begon de serie Maria-verschijningen in Ecuador.

VERSCHIJNEND OP 16/01/1599

Het was een koude en stormachtige nacht toen Onze-Lieve-Vrouw met moeder Mariana sprak in de privacy van haar kamer. Het toonde zich op dezelfde manier als de ander die in een intense vlam van Licht kwam, omringd door engelen.

"Ik ben gekomen om u nieuws te brengen over de toekomst zoals ik beloofd heb. Ten eerste zal dit thuisland ophouden een kolonie te zijn en zal het een vrije Republiek zijn, bekend als Ecuador. Dan heb je heldhaftige zielen nodig om jezelf te onderhouden door zoveel openbare en privégrappen.

"Is dat goed of slecht, mevrouw? Hij vroeg het aan de bediende.

"Het heeft zijn voor- en nadelen. Inderdaad, een vrij thuisland zijn vereist een grote beheersing van zijn heersers. Gelukkig zal dit land dat doen. In de 19e eeuw zal er een echt christelijke president verschijnen, een man van karakter, aan wie God onze Heer de palm van het martelaarschap zal geven op het plein waar mijn klooster is. Hij zal de republiek wijden aan het goddelijke hart van mijn meest heilige zoon en deze wijding zal de katholieke religie in latere jaren ondersteunen, wat een hartband zal zijn voor de kerk.

"Ik begrijp hoe gelukkig je moet zijn. Maar wilde hij ook geen glorie voor je? Mariana vroeg het.

"Mijn glorie zal spoedig komen. De dogma's van mijn Onbevlekte Ontvangenis en Assumptie zullen door de Kerk worden afgekondigd. Hiermee zal mijn naam steeds meer schitteren, hoewel onze zoektocht is om eerst de Naam van de Heer te danken, mijn dochter. Zoals mijn zoon zei, wie wil er geweldig zijn dat is ieders server. Nederigheid is een grote deugd om door het volk te worden gecultiveerd.

"Ik snap het, mijn moeder. Ik beloof voor mij het volgende van deze deugd samen met de leringen van onze Christus.

"Oké! Ik heb een verzoek te doen: Het is de wil van mijn Allerheiligste Zoon dat je zelf een standbeeld van me laat executeren, zoals je me ziet en het op de stoel van de Prior plaatst. Je plaatst in mijn rechterhand de rozenkrans en de sleutels van het klooster, als een teken van mijn eigendom en autoriteit. Je stopt mijn Goddelijke Zoon in mijn linkerhand. Ik zal heersen over dit klooster – de Onbevlekte.

"Ik ben vereerd met deze specifieke missie. Dit zal in Gods tijd uitkomen – de kleine Mariana heeft het waargenomen.

"Daar heb ik alle vertrouwen in", zei onze moeder.

"Gezegend ze de Heer voor het verlenen van dit voorrecht om al deze dingen te weten", zei Mariana.

"Wees in vrede! Ik kom een andere keer terug en praat meer.

Dat gezegd hebbende, trok de heilige Moeder Gods zich terug, samen met haar engelen die de vrome peinzende achterlieten. Wat bereidde God zich nog meer voor op de wereld?

Latere jaren

Moeder Mariana concentreerde zich op het werk van de Heer in de volgende jaren. De belofte die voor Onze-Lieve-Vrouw werd gedaan, was echter nog niet vervuld. Voor deze omissie leed ze aan intens geestelijk martelaarschap. Goddelijke voorzienigheid voorbestemde haar om de beeldhouwer Francisco Del Castilho in te huren.

Gedurende bijna het jaar had hij moeite om het werk uit te werken dat als een genade werd genomen omdat hij katholiek was en een christelijk gezin voorzat. Op 9 januari vond hij het werk bijna klaar. Er ontbrak maar één laatste hand verf. Hij gaf het beeld aan de zorg van de nonnen van het klooster.

In de vroege uren van diezelfde dag handelde het bovennatuurlijke. Door stemmen te horen en lichten in het koor te zien, naderden de nonnen en waren verbaasd over wat ze zagen: een artistiek vervaardigd beeld dat vorm kreeg. In extase mocht moeder Mariana weten dat de auteurs van de voltooiing van dit werk Heilig Franciscus waren naast de aartsengelen Gabriël, Michaël en Rafaël.

Laatst was de beeldhouwer van het werk onder de indruk van het resultaat. Toen hij een document ondertekende, beweerde hij het beeldwerk te zijn van een wonder en niet van zijn vermogen. Hiermee verspreidde het nieuws van de bovennatuurlijke sculptuur zich door het hele land.

VERSCHIJNEND OP 02/02/1634

Na het diner in het klooster waren de nonnen aan het kletsen in de sacristie toen een lichte black-out hen dwong om vroeg met pensioen te gaan. Moeder Mariana, in de stilte van haar kamer, kreeg het onverwachte bezoek van onze heilige Moeder op dezelfde manier als ze zich de andere keren presenteerde.

"Ik ben Onze-Lieve-Vrouw. Heb deze black-out als symbool van de kerk in de 20e eeuw. De kerk van mijn zoon zal verduisterd worden vanaf de 20e eeuw. Er zal een geestelijke catastrofe zijn in het klooster en in het verlengde daarvan in de hele kerk; onzuiverheid zal de wereld overnemen, met het overwicht van de trivialisering van seksualiteit; de onschuld van kinderen zal worden beschadigd en de geestelijkheid zal in crisis raken en uiteindelijk zal marxisme gepaard gaan met het goede dat over het hoofd wordt gezien. In dit verband zullen goede waarden diep worden ondermijnd.

Tranen vallen van het gezicht van Onze-Lieve-Vrouw voor het kwaad van de mensheid. Mariana huilt samen en probeert troost te vinden in het licht van deze profetieën.

Mag ik hier meer over te weten komen, mijn moeder? Ze vroeg het aan de gezegende dienaar.

"Er zal een bijna totale verbastering van de gebruiken zijn, en Satan zal regeren door de vrijmetselaars sekten. Binnen de kerk zullen de sacramenten worden ontheiligd, misbruikt en op gespannen voet worden gesteld. Ik ben bedroefd door het gebrek aan geloof van de zielen van die tijd, het verval van religieuze zielen en het gebrek aan zorg voor spirituele kwesties – legde de moeder van Jezus uit.

"Ik begrijp één ding niet, mijn moeder. Wat bedoel je met de ontheiliging van de sacramenten binnen de kerk zelf? "Hij vroeg de ziener bezorgd.

"Er is een voorspelling van afvalligheid. Binnen de katholieke kerk zal het slechte gedrag van priesters op hoog niveau de geest van religie in gevaar brengen. Er zullen moeilijke tijden komen waarin juist degenen die de rechten van de kerk zouden moeten verdedigen, blind zullen worden. Zonder dienstbare angst of menselijk respect zullen ze samen met de vijanden van de kerk hen helpen hun projecten te maken", zei De verlichte.

"Ik ben bedroefd. Welke hoop hebben we dan? "Mariana huilde.

"Hoop is in onze God die ons het volgende belooft: "Maar wanneer ze triomfantelijk lijken en wanneer het gezag hun macht misbruikt, onrecht en onderdrukking aan de zwakken begaat, zal hun val nabij zijn. Verlamd zullen ze op de grond vallen – kondigden de maagd aan.

"Glorie aan de Heer voor eeuwig en altijd!" Ik zei dat de gezegende tevreden waren.

De Vrouwen van goed succes gaf een lichte glimlach van tevredenheid. Toen gaf hij in zijn armen de baby Jezus om hem even op schoot te dragen. De baby Jezus openbaarde hem in het bijzonder het volgende:

"Het dogma van het geloof van de Onbevlekte Ontvangenis van Mijn Moeder zal worden afgekondigd wanneer de Kerk het meest bevochten is en mijn Vicaris gevangen wordt gehouden. Evenzo zal het dogma van geloof van de doorgang en veronderstelling in lichaam en ziel worden verkondigd tot de hemelen van mijn Allerheiligste Moeder.

"Goed, goed. Zegen je moeder! "Hij verheugde zich in de dienaar.

Toen Jezus zijn moeder terugbracht, verdwenen de twee in een rookkolom. Even later viel de helderziende in slaap omdat ze te moe was.

Onze-Lieve-Vrouw van Kazan

LAATST VERSCHENEN OP 12/08/1634

Op een andere donkere nacht ontvangt de heilige Mariana het bezoek van de heilige maagd met dezelfde verschijning als de andere tijden. Zodra hij aankomt, kondigt hij aan:

"Mijn aanbidding onder de troostende aanroeping van goed succes zal de steun en bescherming van het geloof in de bijna totale corruptie van de twintigste eeuw zijn.

"Geweldige moeder. Wat zou er van ons worden zonder je heilige bescherming? In welke termen weegt de corruptie van die tijd het meest? "Het medium vroeg.

"Verval zal de geestelijkheid in de loop van de 20e eeuw volledig bereiken. Priesters moeten Johannes Maria Vianney liefhebben met al hun zielen, een dienaar van me die goddelijke goedheid voorbereidt op hem om die eeuwen te sieren als een voorbeeldig model van onbaatzuchtige priester – Maria geopenbaard.

"Dat hebben we tenminste als troost. Ik ben doodsbang voor deze crisis. Wie wordt haar veroorzaker? "De zuster was bezorgd in Christus.

"Deze instelling zal zich verspreiden om alle sectoren van de samenleving te beïnvloeden. Er zal een punt komen waarop ze overal zal infiltreren", zei Mary.

"Wat zal hier het gevolg van zijn in kerk gerelateerde resultaten?" Bleef zien.

"Satan zal bijna heersen door de extravagante passies en corruptie van de gebruiken. Hij zal zijn inspanningen richten op de kindertijd om zijn heerschappij te behouden. De jongens van toen. Ze zullen nauwelijks het Sacrament van de Doop en de bevestiging ontvangen – Hij zei in tranen onbezoedeld.

De heilige dienaar huilde ook. Hoe kan zoiets worden toegestaan? Het was echt jammer deze toekomst van de mensheid. Toen ze haar in twijfel zag, vervolgde Mary:

"De sekte zal alle sociale klassen overnemen door het specifieke leven van elk te infiltreren. Hiermee gaat de jeugd van de kinderen verloren. De gevolgen hiervan zijn dat we weinig mensen zullen hebben die zich richten op het priesterschap.

"Zal dit op de een of andere manier hun seksualiteit beïnvloeden? Ik wilde Mariana leren kennen.

"Helemaal, mijn engel. De atmosfeer verzadigt met de geest van onzuiverheid die, op de manier van een onreine zee, door de straten, pleinen en openbare straten zal lopen... Er zullen nauwelijks maagdelijke zielen in de wereld zijn. De delicate bloem van maagdelijkheid, verlegen en bedreigd met volledige vernietiging, zal van ver verlichten – klaagde de moeder van Christus.

"Zal het sacrament van het huwelijk ook worden beïnvloed?" Vroeg het de meid.

"Wat betreft het Sacrament van het Huwelijk dat de vereniging van Christus met de Kerk symboliseert, het zal worden aangevallen en ontheiligd in de volle omvang van het woord. Goddeloze wetten zullen worden opgelegd om dit Sacrament te doven, waardoor het voor iedereen gemakkelijker wordt om slecht te leven, het verspreiden van de generatie ongeboren kinderen zonder de zegen van de kerk. De christelijke geest zal snel afnemen", zei Maria.

Op dit punt was het medium behoorlijk bedroefd door alle bombastische onthullingen. Ze zou bestraat zijn. Mary bleef maar praten over de toekomst.

"Nog steeds op de sacramenten, zullen twee van hen ook volledig worden beïnvloed. In die tijd zal het Sacrament van buitengewone zalving, omdat de christelijke geest zal ontbreken in dit arme thuisland, weinig worden overwogen. Veel mensen zullen sterven zonder het te ontvangen door onvoorzichtigheid van de families. Hetzelfde zal gebeuren met de Heilige Communie. Maar, daar! Hoeveel ik voel om u uit te drukken dat er veel enorme openbare heiligschennis zal zijn en ook verborgen zal zijn voor de ontheiliging van de Heilige Eucharistie. Mijn Allerheiligste Zoon zal op de grond worden gegooid en vertrapt worden door onreine voeten – de moeder van ons allen overgedragen.

"Laten we terugkomen op de kwestie van de geestelijkheid. Waarom zullen ze Christus zo teleurstellen? "De gezegende vroegen het.

"Gevallen van pedofilie, verkrachting en financiële corruptie. Vanwege zonden, weet ook dat goddelijke gerechtigheid vaak vreselijke straffen oplegt aan hele naties, niet zozeer voor de zonden van het volk als voor de zonden van priesters en religieuzen, omdat de laatsten door de volmaaktheid van hun staat worden geroepen om het zout van de aarde, de meesters van de waarheid en de bliksemafleiders van goddelijke toorn te zijn – zei de moeder van de mensheid.

"Wat is dan onze hoop in deze context? Mariana was geïnteresseerd.

"Er zullen een paar zielen zijn die de schat van geloof en deugd bewaren. Ze zullen een wreed en langdurig martelaarschap ondergaan. Velen van hen zullen door het geweld van het lijden naar het graf afdalen en worden geteld als martelaren die zichzelf offerden voor de kerk en voor het Vaderland – kondigden de verlichte aan.

"Hoe kunnen we ze kwijtraken en welke deugden zullen deze zielen moeten aanbidden om de genade van de Heer te behouden? Mariana was geïnteresseerd.

"Voor de bevrijding van de slavernij van deze ketsen zullen degenen aan wie de barmhartige liefde van mijn Allerheiligste Zoon aan deze restauratie zal wijden, grote wilskracht, standvastigheid, waarde en veel vertrouwen in God vereisen. Om dit geloof en vertrouwen van de rechtvaardigen te testen, zullen er momenten zijn waarop alles verloren en verlamd zal lijken. Het zal dan het gelukkige principe van volledige restauratie zijn. "Maria openbaarde.

"Goed, mijn moeder. Hoe ziet de kerk er dan uit na al deze feiten? "Hij vroeg onze zuster in Christus.

"En de kerk, als een jong meisje, zal vreugdevol en triomfantelijk opstaan en zachtjes in slaap vallen, verpakt in de handen van het bekwame moederhart van mijn geliefde uitverkoren zoon van die tijd. We zullen het groot maken op aarde en veel groter in de hemel, waar we een kostbare stoel voor je hebben gereserveerd. Want zonder angst voor de mensen vocht hij voor de waarheid en verdedigde hij de rechten van zijn kerk, zodat ze hem een martelaar zouden kunnen noemen – de gezegende concludeerde.

"Zo zij het! " Mariana verheugde zich.

"Zie, ik neem afscheid van mijn heilige zoon van jullie. Zorg goed voor m'n schapen. "Zei de Vrouwen van de Geesten.

"Ga in vrede! Moge je beloond worden in glorie voor alles wat je doet voor de mensheid – De edele dienaar verlangde.

"Het is me een genoegen om al mijn kinderen met aandacht te helpen. Heb een gezegende rest van het leven op aarde. Daarna kwam ik je zelf halen – Zei de heilige.

"Ik hoop dat ik niet faal in mijn missie", vroeg het dochtertje van God.

"Heb vertrouwen in mijn zorg, en je zult niets missen", zei Mary.

Uiteindelijk steeg hij op naar de hemel in het gezelschap van zijn geliefde zoon. Dat was de laatste keer dat de helderziende verscheen. Moeder Mariana zou doorgaan met haar dagen die glorieus eindigden als een voorbeeld voor alle Ecuadoraanse christenen.

Onze-lieve-vrouw van goede gezondheid

Vailankanni -India-1600

EERSTE VERSCHIJNING

Het was ongeveer zes uur 's ochtends toen een Hindoejongeren naar het huis van de baas ging nadat hij een emmer vol melkkoeien had uitgetrokken. Halverwege kwam hij een hervormer tegen die zijn pasgeboren zoon in zijn armen droeg. In een lief en pak was, de vrouw vroeg:

"Mag ik wat melk? Mijn zoon heeft honger.

"Natuurlijk, mevrouw", knikte de jongen.

Toen hij de bus van de vrouw vulde, voelde hij zich vreemd getroost door deze daad.

"Dank je, mijn zoon! God zegenen je! "Bedankte de vrouw.

'Voor niets!' Hij verzekerde de jongen van een goed hart.

De jongen ging zijn kant op en toen hij zich omdraaide, kon hij zijn vrouw en haar zoon niet meer zien. Vreemd, denk bij jezelf. Toen hij op zijn bestemming aankwam, vertelde hij zijn baas over de zaak. Toen ze de melkemmer gingen controleren, zeiden ze dat er niets ontbrak. De baas eiste dat hij hem naar de plaats van verschijning zou brengen. De jongen gehoorzaamde en bij het doen van het verzoek zagen ze allebei de vrouw weer door die delen lopen. Daarmee konden ze de jongeman geloven. Daarna verspreidde het nieuws over de verschijning zich over de hele regio.

NIEUWE WONDEREN

Enkele jaren gingen voorbij en opnieuw verscheen de Maagd eerder op dezelfde manier aan een andere jongen.

"Mag ik wat melk voor mijn zoon? Mary vroeg het.

"Ja, dat is het. Hier is het— Zei de jongen die de bus vulde met de gewijde vrouw.

"Door uw goede daad zal God u zegenen. Ik ben Onze-Lieve-Vrouw, koningin van de hemel, ik wil dat u genezen bent van haar probleem. Ik verlang ook naar de bouw van een kapel ter ere van mijn naam op deze plaats – vroeg onze Moeder.

"Ik zal doen wat ik in mijn macht heb", de jongen is klaar om zich vreemd goed te voelen.

Met een glimlach op zijn gezicht stond hij op in zijn ogen die kort daarna in wolkenkolommen verdwenen. De jongen vertelde alles wat hij had gezien en gehoord van de lokale autoriteiten en met hun hulp werd de kapel gebouwd zoals Gods moeder had gevraagd. Vanaf dat jaar werd deze plaats het centrum van bedevaarten in het land.

WONDEREN NA DE VERSCHIJNING

Eerste wonder:

Het was de 17e eeuw toen door ongeluk een Portugees schip zonk in de buurt van de golfkust. Zonder uitweg en het wonderbaarlijke verhaal van de maagd te kennen, smeekten ze om haar redding met de heilige. Hun gebeden werden gehoord toen ze erin kwamen het zinken te overleven.

Aangekomen op het land droegen ze ertoe bij dat de kapel een imposant heiligdom werd. In de loop van de jaren is het gerestaureerd en uitgebreid tot de grootste glorie van onze moeder.

Deze regio is het doelwit geweest van een verwoestende tsunami. Wonder boven wonder bleef het heiligdom intact terwijl naburige gebouwen volledig werden verwoest. Dit bewijst dat Maria's werken eeuwig zijn.

Onze-Lieve-Vrouw van Goede Gezondheid is de belangrijkste beschermer van India.

Onze-Lieve-Vrouw van Siluva

(Litouwen-1608-1612)

Pertas Gedgauskas was een edele toegewijde van Maria uit deze regio. Als een vorm van persoonlijke dankzegging liet hij een houten kerk bouwen ter ere van de moeder van God. Deze constructie duurde veertig jaar en werd verwoest door een brand. Door het geloof van het Litouwse volk werd de tempel deze keer herbouwd in metselwerk. Op deze heilige plaats viel een beeld op van Onze-Lieve-Vrouw met het kind dat Jezus in Rome maakte. Talrijke wonderen zijn gemeld aan dit beeld. Al snel was de bedevaart van katholieken intens uit alle regio's van het land.

Een paar jaar later, aan het begin van de 16e eeuw, vestigden de volgelingen van de protestantse hervorming zich in de regio en apprecieerden land tot dan toe behorend tot de katholieke kerk. Veel mensen bekeerden zich tot de nieuwe sekte. Met de verwoesting van de Mariakerk in 1536 verloor Maria's overgebleven gelovige het geloof om het weer te zien herbouwen.

De laatste priester verloor beetje bij beetje de ruimte en moest de regio verlaten. Als laatste daad verzamelde hij in een kist de voorwerpen die in het vuur waren opgeslagen en begroef ze in de buurt van de plaats van wat de kerk was. Op dit moment leek alles verloren. Maar de heilige was sterk en machtig, wat haar ertoe bracht om voor haar zaak te handelen.

In deze landen waar de Mariakerk was gevestigd, Herders jonge mensen hun kuddes toen ze een mooie jonge vrouw op een steen zagen zitten met een jongen op schoot. Esthetisch netjes, wat er in de scène was, was de kreet van deze mooie vrouw. Statisch, de kinderen hebben hem niets gevraagd. Thuisgekomen vertelden ze hun ouders wat er gebeurd was. Vanaf dat uur verspreidde het nieuws zich door de hele stad.

Een groot publiek bezocht de plaats vol nieuws-gierigheid. Onder hen was een calvinistische pastoor. Hij bekri-tiseerde anderen omdat ze in kinderen geloofden. Tegelijkertijd verscheen de vrouw opnieuw zoals beschreven door de andere zieners. De pastoor maakte vervolgens van de gelegenheid ge-bruik om met haar te communiceren.

'Dames, waarom huilen jullie?' Hij vroeg het.

"Ik huil omdat op deze plek waar mijn zoon werd verheer-lijkt, hij nu geplant is en zichzelf oogst", legde de Maagdelijke Moeder uit.

Dat gezegd hebbende, het is weg. Toen hij van de ver-schijning hoorde, ondernam de bisschop van de regio een werk dat dankzij een voormalige bewoner de twijfels werd opge-helderd. Ze vonden de begraven kist waar het document van de kerk was opgenomen. In het bezit van het document kwam de bisschop in het jaar 1622 definitief in het recht om het land terug te winnen. Daardoor werden de protestanten uit het land verdreven omdat de wederopbouw van de Mariakerk mogelijk was. Dit was de eerste verschijning van de verlichte in Europa die de eer van haar naam terugbeet. Onze-Lieve-Vrouw van Siluva is de speciale beschermer van Litouwen.

Onbevlekte Ontvangenis

Àgreda-Spanje
1655-1660

Ágreda, gelegen in de provincie Soria, is een landelijk en majestueus dorp. Op 2 april 1602 werd de eerbare Maria van Jezus geboren. Dochter van Lady Catherine van Arana en Dhr. Francisco Coronel, haar familie werd gezien als nobel en religieus. Van jongs af aan kwam hij in contact met christelijke dictaten en besloot hij vrijwillig de zonde te abonneren door Christus koste wat kost te volgen. Daarnaast had hij een voorliefde voor Onze-Lieve-Vrouw.

Tijdens zijn jeugd en een groot deel van zijn jeugd genoot hij van de rust van de geest als gevolg van zijn werken, gedachten en toewijding aan de krachten van het goede. Niets is echter perfect. Hij werd op zijn religieuze reis geconfronteerd met verschillende beproevingen en zoveel moeilijkheden dat hij zich soms verward voelde over zijn geloof in God.

De gevolgen van dit lijden waren persoonlijk isolement en onverschilligheid voor anderen. Op die momenten, de adem van betekenis daad uit het voorbeeld van de passie van zijn meester. Hij wist als geen ander hoe hij moeilijkheden moest overwinnen en te midden van al die context was de enige levenslijn. In Christus voelde hij zich sterk en machtig.

In die zin werd de rol van zijn spirituele directeuren en zijn familie onmisbaar in zijn christelijke vorming. Met de goede richting die ze hebben gegeven, heeft hij steeds meer geestelijke vooruitgang geboekt en dus God benaderd. Op dit punt vragen we ons af, wat onderscheidde de dienaar van zoveel christelijke volgelingen?

Maria van Jezus was een voorbeeld voor iedereen die haar kende. Van jongs af aan, alles wat ze financieel kreeg van haar ouders gebruikte ze in liefdadigheid met de armen. Daarnaast nam hij periodiek deel aan retraites, las veel religieuze boeken en toonde een diepe toewijding aan religieuze kwesties uitgelegd in gebeden, counseling aan anderen en voorbehoud van de geneugten van het vlees. Hoe dan ook, het was een model om bewonderd te worden en gevolgd door anderen die verlangden naar het eeuwige koninkrijk. Het duurde niet lang en zijn roem verspreidde zich over de hele regio.

Dankzij hun ouders stichtten ze een klooster in hun eigen huis. Door de heer heeft de hele familie zich gewijd aan het christendom, wat tegenwoordig zelden gebeurt. Onder hen had Maria van Jezus een speciale missie gekregen voor de hele gemeenschap en van God.

Met de gave van bilocatie kan het op twee plaatsen tegelijk zijn. Dit vergemakkelijkte zijn prediking aan heidenen op verre continenten. Een andere deugd die werd ontvangen, was schrijven. Hierdoor kan ze haar spirituele ervaringen schrijven die het licht van begrip voor vele zielen hebben gebracht. Over deze manifestaties was hij bedekt met intense glorie en verborgen geheimen die aan zijn persoon werden geopenbaard. In tegenstelling tot dit leed hij intens in het vlees vanwege een slechte gezondheid. Het ene leek intrinsiek verbonden met het andere voor de grotere glorie en verheffing van zijn gezegende ziel door de Heer.

Dan komt nieuwsgierigheid: Hoe waren de gewoonten van deze eerbare dienaar om God zo te behagen? Naast de talloze boetedoeningen die werden uitgevoerd, vastte hij vaak, betrof het lichaam met vernederende voorwerpen en constante toewijding aan de Maagd. Ze was het daarom waard om als een heilige te worden beschouwd.

Terugkomend op zijn gave van schrijven, is zijn belangrijkste werk getiteld "De mystieke stad van God" waar hij het verhaal van de moeder van Jezus beschrijft. In dit werk werd ze geholpen door engelen en de Verlichte zelf. Dankzij de verlosser werd ze verkozen tot Moeder-Overste van haar klooster waar ze spectaculair zendingswerk verrichtte. Alleen zijn aanwezigheid wakkerde de vrome gelovigen weer aan en zijn zoete uitdrukking boeide. Ze was als een moeder voor iedereen. In deze functie bleef hij vijfendertig jaar.

Spanje is in oorlog, rond 1653 kreeg de landvrouw van God het bezoek van Filips IV. Zo spannend was deze ontmoeting dat de twee tweeëntwintig jaar lang via brieven contact hielden. Toen kwam zijn dood in volledige gemeenschap met God. Maria van Jezus is een voorbeeld van heiligheid voor heel Spanje.

De verschijningen van Onze-Lieve-Vrouw van Laus

Heilige Étienne-Frankrijk-(1664-1718)

Laus Valley is een klein dorpje in het zuiden van Frankrijk. In die tijd bestond het uit ongeveer twintig families waarvan het grootste geloof was gecentreerd op de figuren van Jezus Christus en Maria. Het grootste symbool van dit geloof was de kapel van Onze-Lieve-Vrouw van goede ontmoeting ter ere van de Onbevlekte Maagd.

Geboren in het dorp in september 1647, Miss Benoite moest zich al vroeg wennen aan een leven van armoede, de zoon van een gezin dat tot een sociale klasse van buitengewone armoede behoorde. De situatie van de familie verslechterde verder door de dood van de vader toen het meisje nog maar zeven jaar oud was.

Hiermee werden de kinderen van jongs af aan gedwongen om te gaan werken. Als alternatief hielpen de vrouwelijke dochters hun moeder met huishoudelijke en religieuze taken. In dit laatste punt waren de ouders van het meisje voorbeeldig in de instructie van de geboden en wetten van God na het passeren van de gebeden zelf.

Tegen de tijd dat hun kinderen van hun werk werden ontslagen, zonk het gezin drie maanden lang in diepe ellende. Door Benoits aandringende gebedsverzoek stuurde Onze-Lieve-Vrouw afgezanten naar haar huis. Ze stelden familieleden op twee boerderijen voor om te werken. Ze bedankten de hemel en accepteerden het voorstel en toen begon elk van hen tees zweren. De taak zou zijn om schapen in Herders.

In een van zijn werkdagen, terwijl heideschapen de rozenkrans bidden, lijkt het visioen van een elegant dragende man een bisschop te zijn die tot de Vroege Kerk behoort. Hij benaderde het meisje dat een gesprek aan het voeren was:

"Mijn dochter, wat doe je hier?

"Ik zorg voor mijn schapen, bid tot God en zoek water om te drinken", antwoordde het meisje.

"Ik zal water voor je trekken", was de man klaar om naar een put te gaan die daar gewoon was verschenen.

Door het water mee te nemen, werden ze en het zaad van de dieren gedood. Daarna werd het contact hervat.

"Je bent zo knap. Ben je een engel, of Jezus? "Ik wilde de jongedame kennen.

"Ik ben Maurice aan wie de nabijgelegen kapel is gewijd. Mijn dochter, kom hier niet terug. Het maakt deel uit van een ander gebied, en de bewakers zouden hun kudde meenemen als ze het hier vinden. Ga naar de vallei hierboven in Saint-Éti-enne. Daar zul je de moeder van God zien— Geïnformeerd.

"Maar uwe excellentie. Ze is in de hemel. Hoe kan ik het zien waar je het zegt? "Hij vroeg het aan de dienaar.

"Ja, dat is het. Ze is in de hemel, op aarde, en ook waar ze haar wil – Maurice betoogde.

"Dat is niet erg. Ik zal je advies opvolgen, maar nu niet. Ik zal een beetje rusten met mijn kudde voordat ik vertrek – zei Benoite.

"Verstandige beslissing. Ik moet nu gaan. God zegenen je! "Kondigde de ouderen aan.

'Ga in vrede!'. Het meisje wenste.

De vreemdeling liep een paar stappen op het pad en verdween kort daarna. Hiermee viel de nacht waardoor de herderin zich in het bos moest vestigen. De hele nacht bleef ik denken aan de visie en alles wat het vertegenwoordigde. Als ik iemand over die gebeurtenissen zou vertellen, zou ik als gek worden beschouwd. Maar nee, het was volkomen nor-maal. Omdat ze te moe was, viel ze al snel in slaap en werd ze achtervolgd door profetische dromen. Zijn geest was gewoon een puinhoop en zo drong het door.

Al vroeg viel hij op de weg die de kudde naar de door de priester aangewezen vallei leidde. Zelfs de hobbelige opluchting, de woeste dieren, de doornen en het slechte weer intimideerde haar niet. Aangekomen in de buurt van een grot, had hij het visioen van een mooie dame die een kind in zijn handen droeg. Zonder zelfs, maar te wantrouwen ondanks de waarschuwing die ze had, sprak het meisje deze vrouw aan.

"Mooie Dame, wat doe je hier?" Ben je hier om een cast te kopen? Zou je zo vriendelijk willen zijn om ons dit kind te laten meenemen? Deze jongen zou ons allemaal verrukken.

De vreemde Dame was er nog steeds, maar gaf geen antwoord op de vraag van het meisje dat een grotere bewondering van Benoite opriep. De bereidingswerkzaamheden gingen de hele ochtend door. Tijdens de lunch sprak het meisje opnieuw met de vrouw.

"Wil je met me eten? Ik heb hier een paar heerlijke broodjes.

Een glimlach hing aan het gezicht van de mooie dame, maar ze zweeg als het mysterie rond haar figuur. Komen en gaan vanuit de grot, in de herfst van de middag, eindigde niet verschijnen verlaten van de hand van God nog attenter met dit visioen.

EEN TIJDJE LATER

Laatst en in de weken daarna bleef het meisje in haar pastorale werk. Tegelijkertijd had hij visioenen van de vreemde dame, haar zoon en engelen. De dame zweeg echter en testte het geduld en de nieuwsgierigheid van het meisje.

Precies twee maanden na het eerste optreden communiceerde ze eindelijk:

"Benoite, ik ben hier omdat we je nodig hebben", onthulde de dame.

"Wie heeft me nodig, en waar gaat het precies over?" Benoite zei.

"De krachten van het goede. Je missie op aarde is uitzonderlijk. Ze zal worden belast met het werken in de bekering van arme zondaars door gebeden, offers, boetedoeningen, hen aansporen om het pad van het goede te volgen, zei de Moeder Gods. "

"Ben ik daar echt toe in staat? Ik ben gewoon een bigot en vervelend meisje – ze analyseerde het kind.

"Het is waar. Er zit een grote ziel in deze materiaalwinkel. Op verdienste koos God onze Heer haar als de hoop van dit dorp en in het verlengde van heel Frankrijk. Weiger deze speciale genade niet – Wijs de Onbevlekte.

"Wie ben ik om te weigeren? Maak jezelf in me volgens je woord.

"Godzijdank! Ik ben blij voor je. Voor nu vraag ik je om mensen voorgoed te begeleiden. Dertig onmisbare geboden voor een goede christen zijn in het kort. Let op elk van hen en vraag het aan de Maagd.

'Wat zijn dat?' Vroeg het meisje.

1. Om God lief te hebben over alle dingen, voor zichzelf en voor anderen.
2. Jahweh heeft geen aardse of hemelse afgoden en is de enige die de aanbidding waardig is.
3. Spreek de heilige naam van God niet tevergeefs uit of verleid hem niet; en we kwellen degenen die hen al hebben aangesproken niet.
4. Reserveer minimaal één dag van de week voor rust, bij voorkeur op zaterdag.
5. Eer vader, moeder en familie.
6. Dood niet, doe anderen niet fysiek of verbaal pijn.
7. Knoei niet met, oefen geen pedofilie, zoöfilie, incest en andere seksuele perversies.
8. Niet stelen, niet bedriegen in het spel of in het leven.
9. Geef geen valse getuigenis, laster, laster, lieg niet.
10. Begeert of benijdt de goederen van anderen niet. Werk aan het bereiken van je eigen doelen.
11. Wees eenvoudig en nederig.
12. Beoefen eer, waardigheid en loyaliteit.
13. Wees in familie-, sociale en werkrelaties altijd verantwoordelijk, efficiënt, ijverig.
14. Vermijd gewelddadige sport- en gokverslaving.
15. Gebruik geen enkele vorm van drug.

16. Maak geen gebruik van je positie om je frustratie over elkaar heen te gieten. Respecteer de ondergeschikte en de meerdere in hun relaties.
17. Laat je tegen niemand benadelen, accepteer het andere en wees toleranter.
18. Oordeel niet en zal niet worden beoordeeld.
19. Wees geen lasteraar en geef meer waarde aan een vriendschap, want als je je zo gedraagt, zullen mensen van je weggaan.
20. Verlang niet naar het kwaad van anderen of wil gerechtigheid in uw handen nemen. Hier zijn de juiste organen voor.
21. Zoek niet naar de duivel om de toekomst te raadplegen of werk tegen anderen. Vergeet niet dat er voor alles een prijs is.
22. Weet hoe te vergeven, want degenen die anderen niet vergeven, verdienen Gods vergeving niet.
23. Oefen naastenliefde omdat het zonden verlost.
24. Help of troost de zieken en wanhoop.
25. Bid dagelijks voor u, uw familie en anderen.
26. Blijf met geloof en hoop in Jahweh, ongeacht de situatie.
27. Verdeel je tijd proportioneel tussen werk, vrije tijd en gezin.
28. Werk om succes en geluk waardig te zijn.
29. Wil geen God zijn door je grenzen te verleggen.
30. Beoefen altijd gerechtigheid en barmhartigheid.

"Als je en anderen hen met toewijding volgen, beloof ik verlossing en geluk nog steeds op aarde – Zeker gezegend.

"Ik beloof uw observatie en hun prediking. Je hebt een goede samenwerking in me. Hoe heet je ook alweer? "Hij vroeg het aan Benoite.

"Je mag me gezegend noemen. Wees in vrede, want nu moet ik verplichtingen aangaan", legde de vrouw uit.

'Ga in vrede!'. Ik wenste het meisje.

In de ogen van het kind ging de mooie vrouw naar de grot met de jongen op schoot. Hij verdween meteen. Het was al nacht en de gezegende dienaar maakte van de gelegenheid gebruik om samen met haar kudde te rusten.

HET GEBED VAN LORETO

Laatst benaderde de maagd de ziener opnieuw met een rustig, lief en schitterend gelaat. Toen ze in de buurt van de hand kwam, begroette ze haar met de volgende uitspraken:

"Heil, O toegewijd aan de Heer. Heb je je taak vervuld?

"Ja, mijn moeder. In mijn tijd heb ik aan mijn verplichtingen gewerkt. Dit is allemaal te zwaar voor mij. Soms voel ik me moe van het dragen van zoveel verantwoordelijkheden op jonge leeftijd – Benoite klaagde.

"Voel je je moe? Ik ben hier met het goddelijke knuffelen om je te dienen. Kom en rust uit in mijn gewaad – De Maagd heeft aangeboden.

"Dank u, mijn moeder", bedankte de dienstmeid.

Met haar onschuld als kind, kwam ze dichter bij uren liggend op de mantel van gezegend spelen met de baby Jezus. Deze ervaring gaat verder dan menselijk begrip. Op dit moment voelde Benoite een stuk hemel dat nog leefde.

Na een kort dutje werd hij wakker naast de vreemde dame. Daarna ging het gesprek verder.

"Ik ga je een beetje bidden leren. Ik ben blij dat je elke dag tot haar bidt.

"Ik ben er klaar voor! Het kind was beschikbaar.

Zijn naam is: Gebed van kleine Loreto. U moet zo bidden: Heer, heb genade met ons.

Jezus Christus, heb genade met ons.

Heer, heb genade met ons.

Jezus Christus, ik heb ons gehoord.

Jezus Christus, zorg goed voor ons.

Hemelse Vader die God is – Heeft genade met ons.

Zoon, verlosser van de wereld, wie u Bent God – Heeft genade met ons

Heilige Geest, wie is God – Heeft genade met ons

Heilige Drie-eenheid dat je één God bent – Heeft genade met ons

Heilige Maria – Bid voor ons

Heilige Moeder van God,

Heilige Maagd van maagden

Moeder van Jezus Christus,

Moeder van goddelijke genade,

Pure moeder,

Kuise moeder,

Onbevlekte moeder

Moeder intact,

Vriendelijke moeder,

Bewonderenswaardige moeder,

Moeder van goed advies,

Moeder van de Schepper,

Moeder van de Heiland,

Carmello moeder en.

Zeer manier maagd

Eerbiedwaardige Maagd,

Prijzenswaardige Maagd,

Krachtige Maagd,

Goedaardige maagd,

Trouwe Maagd,

Maagdelijke Bloem van Karmel,

Spiegel van rechtvaardigheid,

Wees zeker van wijsheid,

Oorzaak van onze vreugde,
Spiritueel vat,
Insigne vaas van toewijding,
Mysticus nam toe,
David Toren,
Ivoren Toren,
Gouden huis,
Ark van het verbond,
Poort van de Hemel,
Morgenster,
Gezondheid van de zieken,
Toevluchtsoord van zondaars,
Trooster van de getroffenen,
Hulp van christenen,
Patrones van de Karmelieten,
Koningin van de engelen,
Koningin van de Patriarchen,
Koningin van de profeten,
Koningin van de Apostelen,
Koningin van de martelaren,
Koningin van de biechtvaders,
Koningin van de maagden,
Koningin van alle heiligen,
Koningin verwekt zonder erfzonde,
Koningin kalmeert naar de hemel,
Koningin van de Heilige Rozenkrans,
Koningin van de Vrede,
Hoop van alle Karmelieten,
V. Lam van God, die de zonden van de wereld wegneemt.
R. Vergeef ons, Heer.
V. Lam van God, die de zonden van de wereld wegneemt.
R. Ik heb ons gehoord.
V. Lam van God, die de zonden van de wereld wegneemt.

R. Heeft medelijden met ons.

V. Bid voor ons, Heilige Moeder van God

R. Op die plaats dat we de beloften van Christus waardig zijn.

Bid: Heer God, we smeken u om uw dienaren eeuwigdurende gezondheid van ziel en lichaam te geven; en dat we door de glorieuze voorspraak van de gezegende Maagd Maria ooit vrij kunnen zijn van dit verdriet en kunnen genieten van eeuwige vreugde. Onze Heer. Amen.

"Ik heb het versierd. Wat een mooie kleine jongen! "Het meisje werd bewonderd.

"Prachtig inderdaad! Ik wilde dat je haar de andere kinderen in het dorp leerde. Ik wil dat je het elke dag herhaalt, samen met andere aanbiddingsliederen van de hoogste. We hebben gelovigen nodig voor onze zaak. Kan ik op je rekenen? "Vroeg de mooie vrouw.

"Ja, dat is het. Altijd, mevrouw, bevestigde Benoite.

"Ik ben blij dat je dat deed! Wees gewoon in vrede! "Zei de dame.

"Zo zij het", sprak de boer.

De vreemde dame liep weg en verdween net als de andere keren. Het omringende mysterie bleef zelfs na zo lang van co-existentie. Instinctief was het vertrouwen van de pastoor echter de feilloze vrucht van haar geloof in God. Daarom wordt gezegd dat we kinderen moeten worden om de hemel veilig te stellen.

Er was veel ongeloof over de getuigenis van de jonge vrouw over de Maria-verschijningen. Een van deze mensen was de maîtresse van het meisje, een slordige vrouw zonder interesse in religie.

Op een dag, van plan om de feiten te onderzoeken. Even later arriveerde de jonge vrouw met de onmiddellijke verschijning van de Maagdelijke moeder.

"Goedemorgen, mevrouw. Hoe gaat het?

"Niet zo goed. De zonde van sommige manieren op me te veel. Een voorbeeld is uw dame die verborgen is achter de steen. Zeg haar de naam van Jezus niet meer te godslasterend, want als ze zich zo blijft gedragen: Haar geweten is er slecht aan toe; ze moet boetedoening doen – zei de moeder van God.

Voor deze woorden huilde de zondaar en verscheen voor hen. Met een ferme houding beloofde hij:

"Ik beloof me terug te trekken en meer vertrouwen te hebben, mevrouw. Het spijt me voor alles", zei Mevrouw Roland.

"Het is aan je. Wat jou betreft, Benoite, ga verder in je apostolische werk. Mijn onberispelijke hart zul je altijd beschermen en zegenen. Vrede en goed! "Dat wenste je.

"Dank u, dank u! " Bedankte het meisje.

De verschijning steeg volgens beide naar de hemel. Hiermee keerde het duo volledig getransformeerd terug naar huis. Dit pak was meer een wonder van die gezegende vrouw.

IK BEN ONZE-LIEVE-VROUW.

Steeds vaker kreeg het nieuws over de verschijningen in Frankrijk een aandeel. Het meisje werd voor de magistraat van haar parochie naar de getuigenbank geroepen en na een kort interview werd de waarheidsgetrouwheid van haar informatie geconcludeerd. Op dat moment wisten de anderen niet precies waar de verschijning over ging en dus werd gesuggereerd dat ik haar ernaar zou vragen.

Op dezelfde plek stelde de mooie dame zich voor.

"Goedemorgen, ik kom u bedanken voor uw werk met de kinderen en anderen voor de geboden van de Heer. Veel vruchten moeten worden geoogst – mevrouw waargenomen.

"Ik waardeer je vertrouwen. In haar naam vraag ik u: Bent u de moeder van onze goede God? Ik zou het zeer op prijs stellen als u me zou vertellen dat het zo is, en we zullen hier een kapel bouwen om het te eren – werd Benoite gezegd.

"Het is niet nodig om hier iets te bouwen omdat ik al voor een aangenamere plek heb gekozen. Ik ben Maria, de moeder van Jezus. Je zult me hier een tijdje niet zien", concludeerde Mary.

Dat gezegd hebbende, het verdween als rook. Een mengeling van verdriet en emotie liep door de aderen van onze lieve dienaar. Wat zou er nu gebeuren? Ik kon je leven niet bedenken zonder de aanwezigheid van de lieve moeder.

EEN MAAND LATER

De langverwachte reünie vond plaats aan de kant van Ribeira, op het pad dat naar Laus leidt. Toen ze de stroom overstaken die hen paradeerde, wierp het lieve meisje zich aan de voeten van de Maagd.

"Oh, goede moeder. Waarom heb je me de vreugde ontnomen om je zo lang te zien?

"Vanaf nu zie je me alleen nog in de kapel in Laus", zei onze heilige Moeder.

"Ik ken hem niet. Hoe weet ik hoe ik haar moet vinden? "Hij vroeg het kind.

"Je beklimt het pad naar de heuvel. Je herkent de plek als je een zoete geur voelt", legt Mary uit.

"Dat is niet erg. Ik beloof dat ik morgen ga. Nu kan ik dat niet omdat ik mijn schapen moet Herders – Benoite betoogde.

"Ik weet het, kind. Er is geen probleem. Ik zal wachten, het is verlicht.

Zwaaiend met haar handen in afscheid, verdween onze moeder tussen de wolken. Vol vreugde ging de helderziende voor haar werk zorgen. Zijn gedachte kwam echter niet uit het ontvangen bericht. Hoe goed was het om Maria's dienaar te zijn!

Laatst, vroeg, begon ze het pad te lopen. Het vinden van kracht in zijn geloof, elke stap die hij nam was een prijs in zijn zoektocht naar de heilige kapel waar hij zijn geliefde vriend zou ontmoeten. Op dit moment was het gevoel dat hij op zijn borst droeg er een van vrede, geluk en vervulde missie. Maria had haar leven een volledig rijke en nieuwe dimensie gegeven.

Aangekomen in Laus, begon hij heen-en-weer te lopen op zoek naar een signaal. Tot slot gebeurde het wonder voor een bepaalde constructie: een bescheiden gebouw van twee vierkanten meter. Toen de deur op een kier stond, slaagde ze erin om binnen te komen. Hij kwam een eenvoudige omgeving tegen die begiftigd was met een gipsplaat waar twee houten kandelaars waren. Op het altaar stond de lieve moeder met een onverklaarbare glimlach.

"Mijn dochter, je hebt ijverig naar me gezocht, maar je moet niet huilen. Toch maakte je me blij dat je niet ongeduldig was – merkte Mary op.

"Bedankt voor het compliment, mevrouw. Wil je dat ik mijn schort onder je voeten leg? Er is te veel stof. "Zei het meisje.

"Nee, mijn kind. Spoedig zal hier niets ontbreken— noch kledingstukken, noch altaar van linnengoed, noch kaarsen. Ik wens dat er op deze site een grote kerk wordt gebouwd, samen met een gebouw om enkele inwonende priesters te huisvesten. De kerk zal gebouwd worden ter ere van mijn lieve zoon en me. Hier zullen veel zondaars bekeerd worden. Ik zal hier vele malen verschijnen – de moeder van God heeft het aangekondigd.

"Een kerk bouwen? Er is hier geen geld voor, het on-schuldige kind gevonden.

"Maak je er geen zorgen over. Als het tijd is om te bouwen, zul je alles vinden wat je nodig hebt, en het zal niet lang duren. De armen zullen alles leveren. Er zal niets ontbreken Geprofeteerd madame.

"Ik geloof heilig in je. Moet ik dan doorgaan? "Hij vroeg het nederige meisje.

"Ik heb twee verzoeken om u te vragen: Ten eerste, wees voortdurend over zondaars. Ten tweede, stop met het hoeden van de kuddes. Ik wil uw volledige toewijding aan de missie gericht op het bekeren van zondaars – zei de Maagd.

"Wat kan ik zeggen? Daar ben ik klaar voor. Laat je in me maken volgens je woorden- Benoite bevestigd.

"Ik ben gelukkig. Ik zal altijd in deze kapel zijn. Blijf mijn toewijding onder de mensen verspreiden – Vroeg het de moeder van Jezus.

"Ik zal het met alle liefde doen. Dank je, mijn moeder", zei het kind.

"Voor niets, dochter— De verschijning correspondeerde.

Uiteindelijk, toen ze afscheid nam, was Mary afwezig. In de daaropvolgende jaren verspreidde het nieuws van de verschijningen zich over het hele land en bracht met zijn talrijke religieuze toeristen naar Laus. Wonderen en zegeningen bleven de geloofwaardigheid van de feiten vergroten.

Ebrun was het bisdom waar Laus deel van uitmaakte. In het licht van deze gebeurtenissen schreef de dominee van de stad aan de diocesane bisschop om de feiten uit te leggen en vroeg om een kerkelijk onderzoek om ze goed vast te stellen.

Op de een of andere manier was hij niet blij met het verzoek omdat hij persoonlijk niet overtuigd was van zijn waarheidsgetrouwheid. Echter, door zijn verplichting, reisde hij

naar Laus met andere afgezanten om de beroemde ziener te on-
dervragen.

Op de dag en tijd samen ontmoetten ze de aanbidder.
In een fragment van het gesprek zien we deze meting.

"Denk niet dat ik hier kwam om je dromen en illusies toe te
staan, en alle vreemde dingen die ze zeggen over jou en deze
plek. Het is mijn overtuiging en we allemaal die gezond ver-
stand hebben dat jullie dromen vals zijn. Dus, ik ga deze kapel
sluiten en toewijding verbieden. Wat jou betreft, het enige wat
je hoeft te doen is naar huis gaan", zei de bisschop streng.

"Uwe Eminentie, hoewel u de macht hebt om God elke ochtend naar het altaar te laten komen voor de goddelijke kracht
die hij ontving toen hij priester werd, bent u niet bevolen om
aan uw heilige Moeder te geven, en wat u hier graag met haar
doet", zei ze categorisch.

"Wel, als wat mensen zeggen waar is, bid dan tot haar om
me de waarheid te laten zien door een teken of een wonder, en
dan zal ik er alles aan doen om haar wil te verwezenlijken. Maar
nogmaals, wees voorzichtig dat al deze dingen geen illusies en
effecten van je verbeelding zijn om de mensen te misleiden. Ik
zal niet toestaan dat misbruik en strijd met alle middelen binnen handbereik zijn – de bisschop heeft veroordeeld.

"Dat is niet erg. Ik zal bidden— Bevestigde de ziener.

"Je bent voorlopig ontslagen", concludeerde hij.

"Erg bedankt! " Bedankte het meisje.

Na het meisje werden ook de plaatselijke pastoor
en getuigen ondervraagd. Omdat ze alleen waren, waren de
bisschop en zijn raadgevers van plan om diezelfde dag te
vertrekken. Terwijl een stormachtige regen hem dwong om nog
twee dagen te blijven.

Op de laatste dag van de novene kan hij eindelijk het
wonder zien dat hij had geëist. Een vrouw genaamd Catherine
Vial, in de regio bekend als lichamelijk gehandicapt, was on-

middellijk genezen van toewijding aan Onze-Lieve-Vrouw van Laus.

Hiermee is het kerkelijke proces succesvol afgerond. Op verzoek van Maria werd op de site een prachtige kerk gebouwd ter vervanging van de kapel. Dit was een prachtig werk van onze moeder. Via Laus zou heel Frankrijk beschermd en beschermd worden. Gezegend ze de moeder van Jezus!

Einde